AF289749

Chris Hohlstamm von Dehnen zu Wendhausen

# DIE REISE INS LICHT

## SPIRITUELLE PRAKTIKEN FÜR KOSMISCHE ENERGIE, SELBSTVERTRAUEN UND GANZHEITLICHES BEWUSSTSEIN

**Impressum**

© 2024 Chris Hohlstamm von Dehnen zu Wendhausen

**Rechtliches und Copyright:**



Bibliografische Information der Deutschen Nationalbibliothek:
Die Deutsche Nationalbibliothek verzeichnet diese Publikation in der Deutschen Nationalbibliografie; detaillierte bibliografische Daten sind im Internet über http://dnb.dnb.de abrufbar.

Copyright © Mein Lebensfreudeverlag / Chris Hohlstamm von Dehnen zu Wendhausen – Alle Rechte vorbehalten.
Ausgabe: 1. Auflage Februar 2024

Lektorat: Dr.-Ing. B. Grabe
Korrektorat: Dr.-Ing. B. Grabe, Mein Lebensfreudeverlag
Herstellung und Verlag: BoD – Books on Demand, Norderstedt
ISBN: 9783758307409

# Inhaltsverzeichnis

Kapitel-Übersicht

**Einleitung:**

In einer Welt voller Herausforderungen und Veränderungen suchen viele Menschen nach einem tieferen Sinn und spirituellen Erfahrungen. "Die Reise ins Licht" bietet einen Wegweiser zu spirituellen Praktiken, die dazu dienen, kosmische Energie zu erschließen, das Selbstvertrauen zu stärken und ein ganzheitliches Bewusstsein zu entwickeln. Dieses Buch lädt dazu ein, die Reise zu einem erfüllten und bewussten Leben zu beginnen.

**Kapitel 1: Die Quelle der kosmischen Energie**

Erforsche die verschiedenen Quellen kosmischer Energie und lerne, wie du diese in dein Leben integrieren kannst. Mit praktischen Übungen und Meditationen öffnet dieses Kapitel Türen zu einer tieferen Verbindung mit der universellen Energie, die uns alle durchdringt.

**Kapitel 2: Selbstvertrauen aufbauen durch spirituelle Praxis**

Entdecke spirituelle Techniken, die das Selbstvertrauen stärken und dir helfen, deine innere Kraft zu erkennen. Von Affirmationen über Visualisierungen bis hin zu Atemübungen bietet dieses Kapitel Werkzeuge, um Selbst-zweifel zu überwinden und das Vertrauen in deine Fähigkeiten zu festigen.

## Kapitel 3: Ganzheitliches Bewusstsein entwickeln

Erfahre, wie du dein Bewusstsein erweiterst und eine tiefere Verbindung zu dir selbst, anderen und der Welt um dich herum herstellst. Ganzheitliches Bewusstsein wird hier als Schlüssel zu einem erfüllten Leben vorgestellt, das über die physische Realität hinausgeht.

## Kapitel 4: Reinigung von negativen Anhaftungen

Tauche ein in spirituelle Reinigungspraktiken, um negative Energien und Anhaftungen zu lösen. Durch Rituale und Übungen lernst du, dich von belastenden Emotionen und hinderlichen Mustern zu befreien, um Raum für spirituelles Wachstum zu schaffen.

## Kapitel 5: Intuitions- und Herzensübungen

Entwickle deine Intuition und öffne dein Herz für tiefere Verbindungen. Dieses Kapitel präsentiert Übungen, die die Intuition schärfen und einen Raum der Herzwärme schaffen, der Liebe und Mitgefühl in dein Leben bringt.

**Kapitel 6: Ruhen in der einen Kraft**

Schließlich lädt dich dieses Kapitel dazu ein, in der einen Kraft zu ruhen. Durch Meditation und Achtsamkeitspraktiken erfährst du, wie du in einen Zustand der inneren Ruhe und Harmonie eintreten kannst, der dir erlaubt, die Essenz deines Seins zu erkennen.

**Fazit: Die Reise ins Licht**

"Die Reise ins Licht" ist mehr als ein Buch – es ist eine Anleitung für eine spirituelle Reise, die dein Leben transformieren kann. Nutze die vorgestellten Praktiken, um kosmische Energie zu erfahren, Selbstvertrauen aufzubauen und ein ganzheitliches Bewusstsein zu entwickeln. Möge diese Reise dir Frieden, Freude und tiefe spirituelle Erfüllung bringen.

# Einleitung: Aufbruch zur Reise ins Licht

In einer Welt, die oft von der Hektik des Alltags, den Anforderungen der modernen Gesellschaft und den unzähligen Ablenkungen des digitalen Zeitalters dominiert wird, verspüren viele Menschen ein tiefes Bedürfnis nach einem tieferen Sinn, nach einer Quelle von Licht, die ihre Wege inmitten der Dunkelheit erleuchtet.

"Die Reise ins Licht: Spirituelle Praktiken für kosmische Energie, Selbstvertrauen und Ganzheitliches Bewusstsein" ist nicht nur ein Buch, sondern ein kraftvoller Aufruf zur Selbstentdeckung, spirituellen Wachstums und einer transformierenden Reise zu den verborgenen Tiefen unseres Seins.

**Die Sehnsucht nach Spirituellem**

In der Hektik des modernen Lebens verlieren viele von uns den Kontakt zu ihrem innersten Kern, zu dem Ort, an dem die Essenz unseres Seins ruht. Wir spüren eine Sehnsucht nach einem tieferen Verständnis, einem Sinn, der über die materielle Welt hinausreicht. Diese Sehnsucht nach Spiritualität ist ein universelles Phänomen, das in jedem Men--schen schlummert, auch wenn es manchmal von den lauten Geräuschen des Alltags übertönt wird.

Die Reise ins Licht ist eine Einladung zur Entdeckung dieser Sehnsucht, zur Auseinandersetzung mit den grundlegenden Fragen des Lebens und zur Entfaltung einer spirituellen Reise, die uns mit der unendlichen Weisheit des Universums verbindet. In den folgenden Seiten werden wir gemeinsam erkunden, wie wir das Licht in uns entfachen können, um eine tiefere Verbundenheit mit uns selbst, unseren Mitmenschen und dem gesamten Kosmos herzustellen.

## Die Quelle der kosmischen Energie

Das erste Kapitel dieser Reise führt uns zu den Wurzeln aller Existenz – der kosmischen Energie. Wir werden uns der Erkenntnis öffnen, dass wir nicht getrennt von dieser Energie leben, sondern in einem ständigen Tanz mit ihr verwoben sind.

Die Übungen und Meditationen, die in diesem Abschnitt präsentiert werden, sollen dazu dienen, die Wahrnehmung für diese unsichtbare, aber allgegenwärtige Kraft zu schärfen. Die Quelle kosmischer Energie ist kein abstraktes Konzept, sondern eine lebendige Realität, die darauf wartet, von jedem von uns in seiner Einzigartigkeit erlebt zu werden.

## Selbstvertrauen durch spirituelle Praxis

Das zweite Kapitel widmet sich einem zentralen Aspekt unserer menschlichen Erfahrung – dem Selbstvertrauen. Viele von uns haben sich in den Strudeln des Lebens verloren, Zweifel haben sich in unseren Geist eingeschlichen, und wir haben vergessen, dass in uns eine unerschütterliche Quelle der Kraft ruht. Hier werden wir uns mit einer Vielzahl von spirituellen Techniken auseinandersetzen, die darauf abzielen, das Selbstvertrauen zu stärken.

Affirmationen, Visualisierungen und Atemübungen werden zu Werkzeugen, die uns dabei helfen, die inneren Barrieren zu überwinden und das Selbstvertrauen wieder aufzubauen.

**Die Entwicklung von ganzheitlichem Bewusstsein**

Im dritten Kapitel betreten wir das Terrain des ganzheitlichen Bewusstseins. Es ist eine Einladung, die Mauern der Trennung niederzureißen und die Verbundenheit aller Dinge zu erkennen.

Durch die Erweiterung unseres Bewusstseins erfahren wir eine tiefere Einheit mit der Welt um uns herum. Meditationen, Reflektionen und Achtsamkeitsübungen werden uns helfen, diese Transformation zu erleben und ein Bewusstsein zu entwickeln, das über das Ego hinausreicht.

## Reinigung von negativen Anhaftungen

Das vierte Kapitel ist dem Prozess der Reinigung gewidmet. Hier erkennen wir, dass unsere Energien oft von negativen Anhaftungen und hinderlichen Mustern durchzogen sind.

Durch Rituale, Zeremonien und intensive Selbstreflexion werden wir lernen, diese belastenden Energien loszulassen und Raum für spirituelles Wachstum zu schaffen. Die Reinigung ist nicht nur ein äußerer Akt, sondern ein innerer Prozess, der uns von Ballast befreit und die Strömung der kosmischen Energie ungehindert durch uns hindurchfließen lässt.

## Intuitions- und Herzensübungen

Das fünfte Kapitel öffnet die Pforten zu unserer intuitiven Intelligenz und Herzenskraft. Hier werden wir entdecken, dass die Quelle wahrer Weisheit in unserem Inneren liegt.

Durch gezielte Übungen werden wir lernen, unserer Intuition zu vertrauen und unser Herz für Mitgefühl und Liebe zu öffnen. Diese Praktiken werden nicht nur unsere persönlichen Beziehungen transformieren, sondern auch eine tiefe Verbindung zu der universellen Liebe schaffen, die allem Leben zugrunde liegt.

**Ruhen in der einen Kraft**

Im sechsten und abschließenden Kapitel eröffnen sich uns Wege, um in der einen Kraft zu ruhen. Die Reise ins Licht findet hier ihre Erfüllung, wenn wir lernen, in einem Zustand der inneren Ruhe und Harmonie zu verweilen.

Durch fortgeschrittene Meditationstechniken, Achtsamkeit und die Integration der spirituellen Praktiken in den Alltag werden wir in die Lage versetzt, in der einen Kraft zu ruhen – einem Zustand, in dem wir die tiefe Verbundenheit mit allem Leben erfahren und die Harmonie des Universums in uns spüren.

**Die Reise beginnt**

Mit diesen Worten laden wir dich ein, dich auf die Reise ins Licht zu begeben. Dieses Buch ist nicht nur ein Lehrbuch, sondern ein Begleiter auf dem Pfad der Selbstentdeckung und spirituellen Transformation.

Möge diese Reise für dich zu einem lebendigen Abenteuer werden, das dich tief in die Mysterien des Lebens führt und das Licht deiner eigenen Existenz erstrahlen lässt. Die Reise ins Licht beginnt hier und jetzt – sei bereit, die Pforten zu öffnen und das Strahlen deiner inneren Sonne zu entfesseln.

# Kapitel 1: Die Quelle der kosmischen Energie

In den Tiefen des Universums und in den verborgenen Ecken unserer eigenen Existenz liegt eine unsichtbare, doch allgegenwärtige Kraft – die kosmische Energie. Sie durchströmt alles Leben, verbindet die Sterne am Himmel mit den Gräsern auf der Erde und pulsiert in den Herzen der Menschen. Dieses erste Kapitel unserer Reise ins Licht widmet sich der Erkundung und Erschließung dieser faszinierenden Quelle der Lebenskraft.

## Die Unsichtbare Matrix des Lebens

Um die kosmische Energie zu verstehen, müssen wir uns von der Begrenztheit unserer sichtbaren Realität lösen und einen Blick auf die unsichtbare Matrix des Lebens werfen. In den alten Weisheitstraditionen wird diese Energie mit verschiedenen Begriffen beschrieben – Chi, Prana, Lebenskraft. Sie ist die universelle Essenz, die alles durchdringt und belebt, die in jedem Atemzug, jedem Blatt am Baum und jeder Galaxie im unendlichen Weltraum gegenwärtig ist.

Die kosmische Energie ist keine abstrakte Theorie, sondern eine erlebbare Realität. Schließe für einen Moment die Augen und spüre die Energie um dich herum. In der Stille kannst du vielleicht den subtilen Fluss wahrnehmen, das sanfte Pulsieren, das dich mit der größeren Realität verbindet. Diese Energie ist nicht nur im Universum vorhanden, sondern auch in dir selbst. Du bist ein lebendiger Kanal dieser universellen Lebenskraft.

**Die Wege zur Erschließung kosmischer Energie**

In diesem Kapitel werden wir uns mit verschiedenen Wegen auseinandersetzen, wie du die kosmische Energie in dein Leben integrieren und bewusst erleben kannst. Die Praktiken, die wir erkunden werden, basieren auf Jahrhunderte altem Wissen und zeitgenössischer Spiritualität, vereinen östliche Philosophien mit westlichen Ansätzen und bieten eine Vielfalt von Werkzeugen für jeden Suchenden.

*1. Meditation und Achtsamkeit:*

Eine der mächtigsten Methoden, die kosmische Energie zu erfahren, ist die Meditation. Durch das Zurückziehen in die Stille des Geistes kannst du einen Raum schaffen, in dem die universelle Lebenskraft sich offenbart. Achte dabei auf deinen Atem – er ist die Brücke zwischen deinem individuellen Sein und dem kosmischen Ganzen.

*2. Energiearbeit und Qi-Gong:*

Diese alten Praktiken fokussieren sich darauf, die Energiebahnen im Körper zu öffnen und den Fluss der kosmischen Energie zu harmonisieren. Durch sanfte Bewegungen,

Atemtechniken und bewusste Lenkung der Aufmerksamkeit kannst du die Energiezentren aktivieren und die Lebenskraft durch deinen gesamten Körper leiten.

*3. Naturverbindung:*

Die Natur ist ein lebendiges Reservoir kosmischer Energie. Indem du Zeit im Freien verbringst, sei es im Wald, am Meer oder in den Bergen, kannst du dich mit der vitalen Energie der Natur verbinden. Spüre den Wind, lausche den Vögeln, berühre die Erde – all das sind Wege, um die kosmische Energie in ihrer reinen Form zu erfahren.

*4. Visualisierung und Intention:*

Dein Geist ist ein mächtiges Werkzeug, um die kosmische Energie anzuziehen. Durch gezielte Visualisierungen und positive Absichtserklärungen kannst du den Fluss dieser Energie in deinem Leben lenken. Visualisiere, wie die kosmische Energie durch dich hindurchströmt, dich durchdringt und mit jedem Atemzug deine Zellen belebt.

**Die Verbindung zwischen Innerem und Äußerem**

Es ist wichtig zu verstehen, dass die Erfahrung der kosmischen Energie nicht auf rein spirituelle Praktiken beschränkt ist. Sie ist ebenso mit dem Alltag verbunden, mit den kleinen Ritualen und Gewohnheiten, die unser Leben formen. In diesem Kapitel ermutige ich dich, die Verbindung zwischen deiner inneren Welt und äußeren Handlungen zu erkennen.

*1. Ernährung:*

Die Nahrung, die wir zu uns nehmen, hat nicht nur physische Auswirkungen, sondern beeinflusst auch unsere Energie. Frische, lebendige Nahrungsmittel tragen dazu bei, die kosmische Energie in uns zu stärken. Achte darauf, bewusst und achtsam zu essen, und spüre, wie die Lebenskraft in jedem Bissen präsent ist.

*2. Musik und Klang:*

Schwingungen und Klänge sind Manifestationen von Energie. Musik, Mantras oder Klangmeditationen können dazu beitragen, die Schwingungen deiner inneren Welt zu erhöhen und den Fluss der kosmischen Energie zu intensivieren. Experimentiere mit verschiedenen Klängen und finde heraus, welche Resonanz sie in dir erzeugen.

*3. Kreativität:*

Der Akt der Schöpfung ist eine Verbindung zur kosmischen Quelle. Egal, ob du malst, schreibst, tanzt oder etwas erschaffst – in diesem kreativen Prozess öffnest du dich für die Energie, die durch dich hindurchfließt. Lass deine Kreativität zu einem Kanal für die kosmische Inspiration werden.

## Die Einbindung in den Alltag

Um die kosmische Energie in deinem Leben zu verankern, ist es entscheidend, diese Praktiken nicht als isolierte Übungen zu betrachten, sondern sie in deinen Alltag zu integrieren. Von morgendlichen Ritualen bis zu bewussten Handlungen während des Tages – die Erschließung der kosmischen Energie wird zu einem fortwährenden Prozess, der sich in jedem Aspekt deines Lebens entfaltet.

*1. Morgenrituale:*

Beginne den Tag mit einer kurzen Meditation, einer Atemübung oder einem Moment der Dankbarkeit. Dies schafft eine positive Energie, die dich durch den Tag begleitet.

*2. Achtsamkeit im Tun:*

Egal ob du arbeitest, isst oder einfach nur spazieren gehst
– sei im gegenwärtigen Moment. Spüre die kosmische
Energie in allem, was du tust, und erkenne die Schönheit
des Lebens in den kleinen Details.

*3. Abendliche Reflexion:*

Bevor du schlafen gehst, nimm dir einen Moment, um den
Tag zu reflektieren. Achte darauf, wie die kosmische Energie in verschiedenen Situationen durch dich hindurchge-
flossen ist. Erkenne Momente der Verbundenheit, der
Freude oder der inneren Ruhe.

*4. Rituale für Übergänge:*

Schaffe bewusste Übergänge in deinem Tagesablauf. Ob es
das Anzünden einer Kerze, das Beten oder das bewusste
Ausatmen von Stress ist – diese Rituale markieren Momente der Verbindung mit der kosmischen Energie und dienen
als Erinnerung an deine spirituelle Reise.

**Die Heilende Kraft der kosmischen Energie**

Die kosmische Energie ist nicht nur eine abstrakte Energie-
quelle, sondern auch eine heilende Kraft. Wenn wir uns bewusst mit dieser Energie verbinden, können wir Blockaden

in unserem Energiesystem lösen und einen Zustand der inneren Harmonie erreichen. Im Verlauf dieses Kapitels werden wir tiefer in die heilenden Aspekte der kosmischen Energie eintauchen und erkunden, wie sie physische, emotionale und spirituelle Heilung fördern kann.

## 1. Physische Heilung:

Die kosmische Energie ist eine Quelle von Lebenskraft, die unseren physischen Körper durchdringt. Durch bewusste Atmung, Meditation und energetische Übungen kannst du die heilende Energie zu den Bereichen deines Körpers lenken, die Unterstützung benötigen. Dieser Prozess fördert nicht nur die Selbstheilungskräfte, sondern trägt auch zu einem ganzheitlichen Wohlbefinden bei.

## 2. Emotionale Balance:

Emotionen sind Energien in Bewegung. Die kosmische Energie kann helfen, emotionale Blockaden zu lösen und einen freien Fluss von Gefühlen zu ermöglichen. Durch regelmäßige Praktiken kannst du eine tiefere emotionale Balance erreichen und dich von negativen Emotionen befreien.

*3. Spirituelle Heilung:*

Auf spiritueller Ebene kann die kosmische Energie dazu beitragen, Verbindung und Einheit zu erleben. Indem du dich mit dieser Energie verbindest, kannst du tiefe spirituelle Erkenntnisse gewinnen, die deinen Weg auf der Reise ins Licht beleuchten.

**Übungen zur Erfahrung der kosmischen Energie**

Um die Theorie in die Praxis umzusetzen, möchten wir einige einfache Übungen vorstellen, die dir helfen werden, die kosmische Energie zu erfahren und in deinem Leben zu integrieren.

*1. Atemübung:*

- Setze dich bequem hin und schließe die Augen.

- Lenke deine Aufmerksamkeit auf deinen Atem.

- Atme bewusst ein und aus, spüre den Atemfluss in deinem Körper.

- Stelle dir vor, wie du mit jedem Atemzug die kosmische Energie einatmest.

- Spüre, wie diese Energie dich durchströmt und erfrischt.

*2. Erdungsübung:*

- Stehe barfuß auf dem Boden oder setze dich auf einen Stuhl mit den Füßen flach auf dem Boden.

- Visualisiere Wurzeln, die von deinen Füßen tief in die Erde wachsen.

- Stelle dir vor, wie du die Energie der Erde durch diese Wurzeln aufnimmst.

- Lasse diese Energie durch deinen Körper bis zur Krone deines Kopfes steigen.

- Spüre, wie du in dieser Verbindung stabil und geerdet bist.


*3. Meditative Naturbeobachtung:*

- Gehe in die Natur und finde einen ruhigen Ort.

- Setze dich hin und nimm dir Zeit, die Umgebung bewusst zu betrachten.

- Atme tief ein und spüre die Energie der Natur um dich herum.

- Stelle dir vor, wie du mit dieser Energie verschmilzt und Teil des größeren Ganzen wirst.

- Lass die Geräusche, Düfte und die Schönheit der Natur auf dich wirken.

**Abschließende Gedanken: Deine Reise hat begonnen**

Mit diesen Übungen und Erkenntnissen hast du einen ersten Schritt auf der Reise ins Licht gemacht. Die kosmische Energie ist keine entfernte Kraft, sondern eine unmittelbare Realität, die du in jedem Moment erfahren kannst.

Deine Verbindung zu dieser Energie ist nicht nur eine spirituelle Praxis, sondern eine lebendige Erfahrung, die dich in deiner persönlichen Entwicklung unterstützen kann.

Die Reise hat gerade erst begonnen, und in den kommenden Kapiteln werden wir weitere Aspekte der spirituellen Praktiken für kosmische Energie, Selbstvertrauen und ganzheitliches Bewusstsein erkunden.

Möge dieser Weg der Erkundung und Transformation dir Frieden, Erkenntnis und eine tiefere Verbindung mit dem universellen Fluss des Lebens bringen. Die kosmische Energie ist dein ständiger Begleiter auf dieser Reise – lass sie dein Licht entzünden.

# Kapitel 2: Selbstvertrauen durch spirituelle Praxis

Auf unserer Reise ins Licht ist das zweite Kapitel gewidmet der mächtigen Kraft des Selbstvertrauens. Selbstvertrauen ist nicht nur eine persönliche Qualität, sondern ein Schlüssel, der uns ermögLICHT, die höchsten Gipfel des spirituellen Bewusstseins zu erklimmen.

In diesem Abschnitt werden wir tief in die Praktiken eintauchen, die das Selbstvertrauen stärken und die Verbindung zu unserer inneren Quelle der Kraft vertiefen.

**Die Bedeutung des Selbstvertrauens**

Selbstvertrauen bildet das Fundament für ein erfülltes und authentisches Leben. Es ist die Überzeugung, dass wir fähig sind, Herausforderungen zu meistern, Ziele zu erreichen und unser volles Potenzial zu entfalten. Spirituelles Selbstvertrauen geht jedoch über das egozentrische Selbstbewusstsein hinaus und bezieht sich auf das Vertrauen in unsere tiefere, spirituelle Natur.

Ein spirituell selbstbewusster Mensch erkennt die untrennbare Verbindung zur universellen Quelle an. Er ist sich bewusst, dass sein Wesen ein Ausdruck des Göttlichen ist, und schöpft aus dieser Überzeugung die Kraft, sein Leben bewusst zu gestalten. Selbstvertrauen auf spiritueller Ebene bedeutet, sich der eigenen göttlichen Natur bewusst zu sein und darauf zu vertrauen, dass wir Teil eines größeren Plans sind.

**Die Rolle der Spiritualität im Selbstvertrauen**

Spiritualität und Selbstvertrauen sind eng miteinander verbunden. Wenn wir uns auf unsere spirituelle Natur besinnen, erkennen wir, dass wir nicht allein sind. Eine höhere Intelligenz oder göttliche Kraft wirkt durch uns hindurch, und wir sind Instrumente dieses höheren Willens. Dieses Verständnis schenkt uns die Gewissheit, dass wir auf unserem Weg geführt und unterstützt werden, wenn wir uns dem Fluss des Lebens hingeben.

Die spirituelle Praxis des Selbstvertrauens hilft uns, jenseits von Selbstzweifeln und Unsicherheiten zu treten. Durch das Erkennen und Verinnerlichen unserer Verbindung zum Göttlichen wird das Selbstvertrauen gestärkt. Es ist nicht mehr nur eine Selbstbewertung aufgrund äußerer Erfolge oder Misserfolge, sondern eine tiefe Überzeugung von unserer inneren Größe.

**Praktiken zur Stärkung des spirituellen Selbstvertrauens**

*1. Affirmationen für Selbstvertrauen:*

- Wähle positive und spirituell ausgerichtete Affirmationen, die dein Selbstvertrauen stärken. Zum Beispiel: "Ich vertraue darauf, dass das Göttliche durch mich wirkt und mich auf meinem Weg leitet." Wiederhole diese Affirmationen täglich, vorzugsweise während einer Meditation oder ruhigen Zeit.

*2. Visualisierung der Göttlichen Verbindung:*

- Schließe die Augen und stelle dir vor, wie ein göttliches Licht von oben durch deine Krone einströmt.

- Spüre, wie dieses Licht durch jeden Teil deines Körpers fließt und ihn mit göttlicher Energie auflädt.

- Visualisiere dich, wie du in einem goldenen Lichtstrahl, unterstützt und geführt von der universellen Quelle, voranschreitest.

*3. Atemübungen für innere Ruhe:*

- Setze dich in eine bequeme Position, schließe die Augen und fokussiere dich auf deinen Atem.

- Atme tief ein und aus, spüre, wie sich dein Bauch mit Luft füllt und wieder entleert.

- Während du atmest, sage leise zu dir selbst: "Mit jedem Atemzug stärke ich mein spirituelles Selbstvertrauen."

*4. Tagebuch der spirituellen Erfahrungen:*

- Führe ein Tagebuch über deine spirituellen Erfahrungen und Erkenntnisse. Notiere, wie du das Wirken des Göttlichen in deinem Leben erkennst und wie es dein Selbstvertrauen beeinflusst. Dieses Tagebuch dient als Quelle der Inspiration und Ermutigung in Zeiten der Unsicherheit.

## Selbstvertrauen im Alltag leben

Die Praktiken zur Stärkung des spirituellen Selbstvertrauens haben ihre volle Wirkung, wenn sie im Alltag verankert werden. Hier sind einige Möglichkeiten, wie du das gestärkte Selbstvertrauen in konkrete Handlungen umsetzen kannst:

*1. Übernahme von Verantwortung:*

- Erkenne an, dass du ein Mitschöpfer deines Lebens bist. Nimm Verantwortung für deine Gedanken, Entscheidungen und Handlungen. Dies schafft eine bewusste Ausrichtung auf das, was du in dein Leben ziehen möchtest.

*2. Positive Selbstgespräche:*

- Achte auf die Worte, die du zu dir selbst sprichst.
  Ersetze selbstkritische Gedanken durch positive
  und unterstützende Selbstgespräche. Erinnere
  dich daran, dass du ein göttliches Wesen bist und
  dass das Göttliche durch dich wirkt.

*3. Herausforderungen als Chancen sehen:*

- Betrachte Herausforderungen nicht als Hindernisse, sondern als Chancen für Wachstum und
  spirituelle Entwicklung. Vertraue darauf, dass jede
  Situation, egal wie herausfordernd, eine Gelegenheit bietet, deine innere Stärke zu zeigen.

*4. Gemeinschaft und Austausch suchen:*

- Teile deine spirituelle Reise und deine Erkenntnisse mit Gleichgesinnten. Der Austausch in einer
  unterstützenden Gemeinschaft kann dazu beitragen, das spirituelle Selbstvertrauen zu stärken.
  Höre auch die Geschichten anderer, um
  Inspiration und Ermutigung zu finden.

## Selbstvertrauen als Brücke zur Göttlichen Führung

Ein gestärktes spirituelles Selbstvertrauen dient nicht nur der persönlichen Entwicklung, sondern bildet auch die Brücke zur göttlichen Führung. Wenn wir in uns selbst vertrauen, öffnen wir uns für die Weisheit und Lenkung des Göttlichen. In diesem Abschnitt werden wir erkunden, wie Selbstvertrauen als Schlüssel für eine tiefere Verbindung mit der göttlichen Führung fungiert.

*1. Stille als Wegweiser:*

- In Momenten der Stille und Meditation können wir auf die göttliche Führung lauschen. Selbstvertrauen ermöglicht es uns, in der Stille zu ruhen und auf die feinen Impulse und Intuitionen zu achten, die uns den Weg weisen.

*2. Vertrauen in Lebensentscheidungen:*

- Selbstvertrauen bedeutet auch, Vertrauen in die Entscheidungen des Lebens zu haben. Das Göttliche wirkt auf subtile Weise in den Umständen unseres Lebens. Vertraue darauf, dass jede Entscheidung, die du triffst, Teil eines größeren Plans ist.

*3. Hingabe und Loslassen:*

- Selbstvertrauen erlaubt es uns, uns dem Fluss des Lebens hinzugeben und zu vertrauen, dass das Göttliche uns führt. Hingabe ist kein Akt der Schwäche, sondern ein Zeichen von spiritueller Reife und Vertrauen in die göttliche Führung.

*4. Intuition als göttliche Leitung:*

- Das gestärkte Selbstvertrauen öffnet die Tore für eine klare Intuition. Intuition ist oft die Sprache des Göttlichen, die uns den richtigen Weg weist. Achte auf deine inneren Eingebungen und lerne, ihnen zu vertrauen.

**Der Kreislauf von Selbstvertrauen und Göttlicher Führung**

Selbstvertrauen und göttliche Führung bilden einen sich verstärkenden Kreislauf. Wenn wir selbstbewusst sind, öffnen wir uns für die Führung des Göttlichen. Diese Führung wiederum stärkt unser Vertrauen in uns selbst und in den Weg, den das Leben für uns bereithält.

Wenn Zweifel aufkommen, erinnere dich daran, dass du ein Kanal für das Göttliche bist. Jeder Atemzug, jede Entscheidung und jede Herausforderung sind Teil des göttlichen Plans. Dein Selbstvertrauen ist nicht nur ein persönlicher Glaube, sondern ein Ausdruck der Verbindung zur höchsten Quelle.

**Abschließende Gedanken: Die Reise des Selbstvertrauens**

In diesem Kapitel haben wir die Bedeutung des spirituellen Selbstvertrauens erkundet und Praktiken vorgestellt, um diese Kraft zu stärken. Selbstvertrauen ist nicht nur ein mentales Konzept, sondern ein lebendiger Ausdruck deiner spirituellen Natur.

Die Reise des Selbstvertrauens ist eine Reise zu deinem wahren Selbst, zu der Quelle von Kraft und Weisheit, die in dir ruht. Die Praktiken, die du in diesem Kapitel entdeckt hast, laden dich ein, diese Reise mit Freude und Vertrauen anzutreten.

Im nächsten Kapitel werden wir uns auf die Entwicklung eines ganzheitlichen Bewusstseins konzentrieren, das die Verbindung zu allem Leben und die Erkenntnis unserer Einheit mit dem Universum vertieft. Die Reise ins Licht setzt sich fort, und mit jedem Schritt wirst du mehr von der strahlenden Essenz deines Seins enthüllen.

Möge dieses Selbstvertrauen dich begleiten und dein Herz im Licht der göttlichen Führung erstrahlen lassen.

Kapitel 3: Entwicklung von ganzheitlichem Bewusstsein

Auf unserer fortlaufenden Reise ins Licht widmen wir uns im dritten Kapitel der Entwicklung eines ganzheitlichen Bewusstseins. Die Entfaltung dieses Bewusstseins ist ein Schlüssel zur Erkenntnis unserer Verbundenheit mit allem Leben und dem universellen Fluss der Existenz. In diesem Abschnitt werden wir tief in die Praktiken eintauchen, die uns helfen, ein Bewusstsein zu entwickeln, das über die Grenzen des individuellen Egos hinausgeht.

**Die Essenz des Ganzheitlichen Bewusstseins**

Ganzheitliches Bewusstsein bedeutet, die Welt und unser eigenes Sein nicht als getrennte Entitäten zu betrachten, sondern als Teil eines größeren Ganzen. Es ist die Erkenntnis, dass alles miteinander verbunden ist und dass jede Handlung, jedes Wort und jeder Gedanke Auswirkungen auf das gesamte Universum hat.

Ganzheitliches Bewusstsein ist eine Einladung zur Erweiterung unserer Perspektive, um die tiefe Verbindung mit allem Leben zu erkennen.

In der heutigen Welt, die oft von Individualismus und Trennung geprägt ist, ist die Entwicklung von ganzheitlichem Bewusstsein von entscheidender Bedeutung. Es ermöglicht nicht nur ein tieferes Verständnis für die Interdependenz aller Dinge, sondern fördert auch Mitgefühl,

Empathie und Verantwortung für das Wohlergehen des Planeten und aller Lebewesen.

**Praktiken zur Entwicklung von Ganzheitlichem Bewusstsein**

*1. Meditation der Einheit:*

- Setze dich in eine bequeme Position und schließe die Augen.

- Lenke deine Aufmerksamkeit auf deinen Atem und atme ruhig und tief.

- Visualisiere, wie du eins wirst mit der universellen Energie, wie Grenzen verschwinden und du Teil eines unendlichen Ozeans von Bewusstsein wirst.

- Spüre die Verbundenheit mit allem Leben und erkenne, dass du ein integraler Bestandteil des universellen Gewebes bist.

*2. Achtsamkeit im Alltag:*

- Übe Achtsamkeit in alltäglichen Handlungen. Sei präsent und bewusst, während du isst, gehst, arbeitest oder mit anderen interagierst. Erkenne

die Einzigartigkeit jeder Erfahrung und die
Verbindung zu allem, was ist.

*3. Naturverbundenheit intensivieren:*

- Vertiefe deine Verbindung zur Natur. Gehe bewusst in die Natur, berühre Bäume, spüre die Erde unter deinen Füßen. Erkenne die Schönheit und Weisheit der Natur als Ausdruck des universellen Bewusstseins.

*4. Mitgefühlspraxis:*

- Übe Mitgefühl gegenüber dir selbst und anderen. Erkenne, dass wir alle auf dieser Reise des Lebens sind und mit denselben Herausforderungen und Freuden konfrontiert sind. Senden liebevolle Gedanken und Wünsche an alle Lebewesen.

*5. Erweiterte Perspektiven einnehmen:*

- Verlasse gelegentlich deine gewohnte Perspektive und versetze dich in die Lage anderer. Betrachte eine Situation aus verschiedenen Blickwinkeln und erkenne die Vielfalt der menschlichen Erfahrungen an. Dies eröffnet neue Horizonte und fördert Verständnis.

**Die Heilende Kraft des Ganzheitlichen Bewusstseins**

Ganzheitliches Bewusstsein ist nicht nur eine philosophische Idee, sondern birgt auch eine heilende Kraft. Wenn wir erkennen, dass alles miteinander verbunden ist, entsteht eine Harmonie, die physische, emotionale und spirituelle Heilung fördert.

*1. Physische Heilung:*

- Das Bewusstsein der Einheit kann dazu beitragen, den Körper in einen Zustand der Balance und Gesundheit zu versetzen. Durch die Erkenntnis der untrennbaren Verbindung von Geist und Körper können Stress und Spannungen abgebaut werden, was den Heilungsprozess unterstützt.

*2. Emotionale Balance:*

- Ganzheitliches Bewusstsein schafft eine Grundlage für emotionale Ausgeglichenheit. Durch die Erkenntnis, dass wir alle Teil des gleichen Gewebes des Lebens sind, entsteht Mitgefühl und Verständnis, was zu emotionaler Heilung führen kann.

*3. Spirituelle Erweiterung:*

- Auf spiritueller Ebene ermöglicht das Bewusstsein der Einheit eine tiefere Verbindung zur universellen Quelle. Diese Verbindung fördert spirituelles Wachstum, Selbsterkenntnis und den Zugang zu höheren Bewusstseinsebenen.

## Integration von Ganzheitlichem Bewusstsein im Alltag

Die Entwicklung von ganzheitlichem Bewusstsein geht über spirituelle Praktiken hinaus und integriert sich in alle Aspekte des täglichen Lebens. Hier sind einige Wege, wie du dieses Bewusstsein im Alltag leben kannst:

*1. Verbundenheit im Umgang mit anderen:*

- Erkenne die Einheit mit anderen Menschen an. Behandle sie mit Respekt und Mitgefühl, da sie ebenfalls Teil des universellen Bewusstseins sind. Finde Gemeinsamkeiten und vermeide Urteile.

*2. Verantwortung für die Umwelt:*

- Ganzheitliches Bewusstsein beinhaltet auch Verantwortung für unseren Planeten. Achte darauf, wie deine Handlungen die Umwelt beeinflussen, und bemühe dich um nachhaltige Entscheidungen im Alltag.

*3. Achtsame Kommunikation:*

- Sei achtsam in deiner Kommunikation. Sprich mit Liebe und Respekt, höre aufmerksam zu und erkenne die Tiefe der Kommunikation jenseits der Worte an.

**Abschließende Gedanken: Die Erweiterung des Bewusstseins**

In diesem Kapitel haben wir die Reise der Entwicklung von ganzheitlichem Bewusstsein begonnen. Die Praktiken, die du entdeckt hast, laden dich ein, über die Grenzen des individuellen Selbst hinauszugehen und die tiefere Verbundenheit mit allem Leben zu erfahren.

Im nächsten Kapitel werden wir uns auf die Reinigung von negativen Anhaftungen konzentrieren, um Platz für mehr Licht und Klarheit zu schaffen. Die Reise ins Licht setzt sich fort, und mit jedem Schritt wirst du mehr von der umfassenden Schönheit des universellen Bewusstseins enthüllen. Möge die Entwicklung von ganzheitlichem Bewusstsein dein Herz öffnen und dich in die Fülle der Existenz eintauchen lassen.

Kapitel 4: Reinigung von Negativen Anhaftungen
für mehr Licht und Klarheit

In diesem vierten Kapitel unserer Reise ins Licht widmen
wir uns der Reinigung von negativen Anhaftungen, um
Platz für mehr Licht und Klarheit in unserem inneren Wesen zu schaffen. Negativen Anhaftungen sind wie Schatten,
die die Strahlen des Lichts in unserem Bewusstsein dim-
men.

Durch bewusste Praktiken der Reinigung können wir diese
Schatten auflösen und uns dem strahlenden Licht unserer
wahren Essenz öffnen.


**Die Natur von Negativen Anhaftungen**

Negative Anhaftungen sind emotionale Muster, Gedanken
oder Verhaltensweisen, die uns festhalten und unsere
spirituelle Entwicklung behindern können. Diese Anhaftungen können durch traumatische Erfahrungen, tief verwurzelte Überzeugungen oder ungelöste emotionale Konflikte entstehen. Sie wirken wie Schleier, die das innere
Licht verdunkeln und uns daran hindern, unsere volle
Wahrheit zu erkennen.

Negativen Anhaftungen können sich auf verschiedene
Wiesen manifestieren, wie beispielsweise durch Selbst-
zweifel, Angst, Groll, Wut oder eine negative Selbstwahr-
nehmung. Die Reinigung dieses inneren Ballasts ist ent-

scheidend für den spirituellen Fortschritt und die Entfaltung unseres wahren Potenzials.

**Praktiken zur Reinigung von Negativen Anhaftungen**

*1. Achtsame Selbstbeobachtung:*

- Beginne damit, achtsam auf deine Gedanken, Emotionen und Reaktionen zu achten. Sei ein neutraler Beobachter deines eigenen Geistes, ohne dich von den negativen Anhaftungen vereinnahmen zu lassen.

*2. Meditation der Reinigung:*

- Setze dich in eine meditative Haltung und konzentriere dich auf deinen Atem. Atme bewusst ein und aus, und visualisiere dabei, wie du mit jedem Ausatmen dunkle Wolken von negativen Anhaftungen freisetzt. Stelle dir vor, wie helles Licht in dich einströmt und jede Zelle reinigt.

*3. Loslassen durch Vergebung:*

- Praktiziere die Kunst des Loslassens durch Vergebung. Dies beinhaltet nicht nur die Vergebung gegenüber anderen, sondern auch gegenüber dir

selbst. Erkenne an, dass Menschen Fehler
machen, und erlaube dir, alte Groll- oder
Schuldgefühle freizugeben.

*4. Energiearbeit und Reinigungsrituale:*

- Erkunde verschiedene Formen der Energiearbeit,
  wie Reiki, Chakra-Ausgleich oder schamanische
  Reinigungsrituale. Diese Praktiken können dazu
  beitragen, blockierte Energien freizusetzen und
  einen Fluss von Licht und positiver Energie zu
  ermöglichen.

**Die Befreiende Wirkung der Reinigung**

Die Reinigung von negativen Anhaftungen ist nicht nur ein
Akt der Befreiung, sondern auch ein Prozess der Selbst-
heilung. Wenn wir uns von den Schatten der Vergangen-
heit befreien, öffnen wir die Tore für inneres Licht und
Klarheit.

Dieser Befreiungsprozess ermöglicht es uns, in unserem
wahren Licht zu strahlen und unser volles Potenzial zu entfalten.

*1. Befreiung von Selbstbegrenzung:*

- Negative Anhaftungen können uns in selbstauferlegten Grenzen gefangen halten. Durch die Reinigung brechen diese Grenzen auf, und wir erkennen, dass wir nicht durch vergangene Erfahrungen oder begrenzende Überzeugungen definiert sind. Die Befreiung von Selbstbegrenzung ermöglicht uns ein Leben in größerer Freiheit und Entfaltung.

*2. Klärung des Geistes:*

- Ein gereinigter Geist ist in der Lage, Klarheit und Fokus zu entwickeln. Wenn die Schleier der negativen Anhaftungen gelichtet werden, entsteht Raum für einen ruhigen Geist, der in der Gegenwart verankert ist. Die Klärung des Geistes erlaubt es uns, bewusster zu denken und bewusster zu handeln.

*3. Erhöhung der Energie:*

- Negative Anhaftungen wirken wie Energieblockaden, die den Fluss vitaler Lebensenergie behindern. Durch die Reinigung dieser Blockaden wird die Energie wieder frei fließen können. Dies

führt zu einem gesteigerten Gefühl von Lebendig-
keit, Vitalität und innerer Stärke.

**Integration der Reinigung in den Lebensstil**

Die Reinigung von negativen Anhaftungen sollte nicht auf
bestimmte spirituelle Praktiken beschränkt bleiben, sondern integraler Bestandteil unseres Lebensstils werden.
Hier sind einige Möglichkeiten, wie du die Reinigung in
deinen Alltag integrieren kannst:

*1. Tägliche Reflektion:*

- Nimm dir regelmäßig Zeit für Selbstreflexion.
  Frage dich, ob es emotionale Muster oder Gedanken gibt, die dir nicht mehr dienen. Sei bereit,
  diese loszulassen und Platz für Positives zu
  schaffen.

*2. Bewusste Entscheidungen:*

- Treffe bewusste Entscheidungen, die deine
  geistige, emotionale und physische Gesundheit
  fördern. Achte darauf, wie bestimmte Entscheidungen deine Energie beeinflussen, und wähle
  das, was dich unterstützt.

*3. Positives Umfeld:*

- Umgebe dich mit positiven Menschen und inspirierenden Umgebungen. Ein unterstützendes Umfeld trägt dazu bei, positive Energie zu fördern und negativen Anhaftungen weniger Raum zu geben.

**Abschließende Gedanken: Die Befreiung des Inneren Lichts**

In diesem Kapitel haben wir die Bedeutung der Reinigung von negativen Anhaftungen erkundet und praktische Wege aufgezeigt, diesen Prozess in die Tat umzusetzen. Die Befreiung des Inneren Lichts ist nicht nur ein individueller Akt der Transformation, sondern trägt auch dazu bei, die Welt um uns herum mit mehr Liebe und Klarheit wahrzunehmen.

Die Reise ins Licht setzt sich fort, und im nächsten Kapitel werden wir uns auf Intuitionsübungen konzentrieren, um die Weisheit unseres inneren Selbst zu erkunden.

Möge die Reinigung von negativen Anhaftungen dir den Raum schenken, um in der strahlenden Essenz deines Seins zu erblühen und das Licht des wahren Selbst zu entfalten.

## Kapitel 5: Intuitionsübungen – Die Weisheit des Inneren Selbst erkunden

In diesem fünften Kapitel unserer Reise ins Licht konzentrieren wir uns auf Intuitionsübungen, die es ermöglichen, die tiefgreifende Weisheit unseres Inneren Selbst zu erkunden. Die Intuition ist wie ein unsichtbarer Faden, der uns mit der inneren Quelle der Weisheit verbindet.

Durch bewusste Praktiken können wir diese Verbindung stärken und uns der subtilen Führung unseres Inneren Selbst öffnen.

### Die Bedeutung der Intuition

Intuition ist mehr als nur ein Bauchgefühl oder ein Zufallstreffer. Sie ist die Fähigkeit, auf eine tiefere Ebene des Bewusstseins zuzugreifen, die über die rationale Analyse hinausgeht. Intuition ist die Sprache der Seele, die uns leitet, wenn wir uns ihr öffnen. Sie zeigt sich in Form von Eingebungen, innerem Wissen und einem tiefen Verständnis, das über die Grenzen des Verstandes hinausgeht.

In unserer hektischen Welt, die oft von äußeren Einflüssen und Informationsfluten geprägt ist, ist die Entwicklung der Intuition von entscheidender Bedeutung. Sie dient als innerer Kompass, der uns den Weg zu unserem authentischen Selbst und zu den Antworten auf unsere tiefsten Fragen weist.

**Praktiken zur Stärkung der Intuition**

*1. Achtsamkeit und Stille:*

- Schaffe bewusste Momente der Stille in deinem Alltag. Dies kann durch Meditation, Spaziergänge in der Natur oder einfach nur durch bewusstes Atmen geschehen. Die Stille öffnet den Raum für die feinen Schwingungen der Intuition.

*2. Körperliche Wahrnehmung:*

- Achte auf die Signale deines Körpers. Oft drückt sich Intuition durch ein Bauchgefühl, Kribbeln oder andere körperliche Empfindungen aus. Lerne, auf diese subtilen Zeichen zu achten und sie zu interpretieren.

*3. Traumarbeit:*

- Halte ein Traumtagebuch und achte auf wiederkehrende Symbole oder Muster in deinen Träumen. Träume sind oft ein Kanal für intuitive Botschaften aus dem Unterbewusstsein.

*4. Kreativer Ausdruck:*

- Nutze kreative Aktivitäten wie Malen, Schreiben oder Musizieren, um in Kontakt mit deiner Intuition zu treten. Diese Formen der Selbstexpression ermöglichen es der intuitiven Weisheit, sich auf spielerische und kreative Weise zu manifestieren.

**Die Vertrauensvolle Beziehung zur Intuition**

Das Vertrauen in die Intuition ist ein entscheidender Schritt auf der Reise ins Licht. Es erfordert die Bereitschaft, auf die innere Führung zu hören und ihr zu vertrauen, selbst wenn sie sich rational nicht immer erklären lässt. Hier sind einige Aspekte, die dir helfen können, eine vertrauensvolle Beziehung zur Intuition aufzubauen:

*1. Akzeptanz der Unsicherheit:*

- Intuition spricht oft in subtilen Nuancen und nicht in klaren Antworten. Akzeptiere die Unsicherheit und sei bereit, dich auf den Prozess einzulassen, ohne alles vorab zu verstehen.

*2. Mut zur Entscheidung:*

- Intuition hilft oft bei Entscheidungen, die jenseits der rationalen Analyse liegen. Sei mutig und vertraue darauf, dass deine Intuition dich auf den richtigen Weg führt, auch wenn die äußeren Umstände unklar erscheinen.

## 3. Ruhe in der Gewissheit:

- Wenn du auf deine Intuition hörst, ruhe in der Gewissheit, dass du von einer tieferen Weisheit geführt wirst. Selbst wenn die Ergebnisse nicht sofort sichtbar sind, vertraue darauf, dass der Weg, den du gehst, für deine Entwicklung wichtig ist.

**Intuitionsübungen für die Erweiterung des Bewusstseins**

## 1. Visualisierung der Inneren Weisheit:

- Setze dich in eine entspannte Position und schließe die Augen.

- Stelle dir vor, wie sich ein goldenes Licht in der Mitte deines Herzens entfaltet.

- Rufe die Frage oder das Anliegen ab, zu dem du intuitiven Rat suchst.

- Bilde dir ein, wie diese Frage in das goldene Licht eingebettet ist.

- Beobachte die inneren Bilder, Gefühle oder Impulse, die aufsteigen, und vertraue darauf, dass dies die Antwort deiner Intuition ist.

## 2. Intuitive Schreibübung:

- Nimm Stift und Papier und setze dich an einen ruhigen Ort.

- Stelle eine Frage an deine Intuition und beginne, ohne viel Nachzudenken, frei zu schreiben.

- Lass die Worte fließen und sei offen für das, was sich entfaltet, ohne es zu bewerten.

- Lies dann deine Aufzeichnungen und erkenne die subtilen Botschaften deiner Intuition an.

## 3. Körperintelligenz erkunden:

- Setze dich ruhig hin und schließe die Augen.

- Richte deine Aufmerksamkeit auf verschiedene Teile deines Körpers, beginnend mit den Füßen.

- Frage dich bei jedem Körperteil, welche Botschaft es für dich hat, und spüre in die Empfindungen hinein.

- Achte auf eventuelle Spannungen, Wärme oder
  Kühle und interpretiere sie als Antworten deiner
  Intuition.

## Die Ganzheitliche Weisheit der Intuition

Die Intuition ist nicht nur eine Quelle von Antworten, sondern auch ein Tor zu ganzheitlicher Weisheit. Sie ermöglicht es uns, uns mit der tieferen Intelligenz des Universums zu verbinden und Teil des größeren Ganzen zu sein.
In diesem Abschnitt werden wir die ganzheitliche Weisheit
der Intuition erkunden und wie sie uns auf unserer Reise
ins Licht leitet.

*1. Verbundenheit mit dem Universellen Wissen:*

- Die Intuition öffnet uns für das universelle Wissen,
  das jenseits individueller Erfahrungen liegt. Sie ermöglicht es uns, uns mit der zeitlosen Weisheit
  des Universums zu verbinden und daraus zu
  schöpfen.

*2. Ganzheitliches Verständnis von Situationen:*

- Intuition ermöglicht es uns, Situationen nicht nur
  oberflächlich, sondern auf einer ganzheitlichen
  Ebene zu verstehen. Wir erkennen die tiefen

Zusammenhänge, Muster und Energieflüsse, die in einem bestimmten Moment wirken.

*3. Spirituelle Ausrichtung:*

- Die Intuition führt uns zu einer spirituellen Ausrichtung, die über dogmatische Überzeugungen hinausgeht. Sie öffnet den Raum für eine persönliche Verbindung zum Göttlichen und fördert ein tiefes Verständnis unserer spirituellen Natur.

**Abschließende Gedanken: Die Reise in die Tiefen der Intuition**

In diesem Kapitel haben wir die Bedeutung der Intuition erkundet und praktische Übungen vorgestellt, um diese innere Führung zu stärken. Die Reise in die Tiefen der Intuition ist eine Reise zu unserer eigenen Weisheit, die in den verborgenen Ecken unseres Bewusstseins ruht.

Im nächsten Kapitel werden wir uns darauf konzentrieren, wie wir Herzwärme kultivieren können, um Liebe und Mitgefühl in unser Leben und in die Welt zu bringen.

Möge die Erkundung der Intuition dich zu neuen Einsichten führen und dein Herz für die strahlende Essenz deines Seins öffnen.

# Kapitel 6: Herzwärme kultivieren – Liebe und Mitgefühl in unser Leben bringen

Auf unserer fortlaufenden Reise ins Licht wenden wir uns im sechsten Kapitel der Kultivierung von Herzwärme zu. Liebe und Mitgefühl sind wie die Strahlen der Sonne, die unser inneres Wesen durchdringen und unser Leben mit einem warmen Glanz erfüllen. In diesem Abschnitt werden wir erkunden, wie wir Herzwärme bewusst kultivieren können, um nicht nur uns selbst, sondern auch die Welt um uns herum zu erhellen.

## Die Essenz von Herzwärme

Herzwärme ist mehr als nur ein emotionales Gefühl. Sie ist eine höhere Schwingung, die aus der Quelle bedingungsloser Liebe entspringt. Herzwärme öffnet das Herzchakra und ermöglicht uns, Liebe und Mitgefühl in Aktion zu verwandeln. Es ist die Kraft, die uns verbindet, heilt und unsere Beziehung zu uns selbst und anderen vertieft.

In einer Welt, die oft von Stress, Egoismus und Trennung geprägt ist, ist die Kultivierung von Herzwärme von entscheidender Bedeutung. Sie schafft eine Atmosphäre des Wohlwollens, in der wir uns selbst und anderen gegenüber liebevoll und mitfühlend begegnen können.

**Praktiken zur Kultivierung von Herzwärme**

*1. Herzöffnende Meditation:*

- Setze dich in eine bequeme Position und schließe die Augen.

- Atme tief in deinen Brustkorb und visualisiere dabei ein strahlendes Licht in deinem Herzen.

- Stelle dir vor, wie dieses Licht sich ausdehnt und dein ganzes Wesen durchflutet.

- Sende liebevolle Gedanken an dich selbst, deine Lieben und die Welt.

*2. Praxis der Dankbarkeit:*

- Fokussiere dich täglich auf Dankbarkeit. Nimm dir Zeit, um darüber nachzudenken, wofür du dankbar bist, und spüre die Liebe und Wärme, die dieses Bewusstsein in deinem Herzen erzeugt.

*3. Akte der Freundlichkeit:*

- Führe bewusst Handlungen der Freundlichkeit durch. Dies kann ein Lächeln, eine nette Geste oder eine unterstützende Handlung gegenüber anderen sein. Die bewusste Ausübung von Freundlichkeit verstärkt die Herzwärme.

*4. Mitgefühlsmeditation:*

- Setze dich in Meditation und denke an jemanden, der Unterstützung benötigt.

- Sende liebevolle Gedanken und Mitgefühl in seine Richtung.

- Erweitere dann dieses Mitgefühl auf andere Menschen, Tiere und die gesamte Welt.

- Spüre die Verbindung und den Wunsch nach Wohlergehen für alle Lebewesen.

**Die Transformative Kraft von Herzwärme**

Herzwärme ist nicht nur ein schönes Gefühl, sondern auch eine transformative Kraft, die tiefgreifende Veränderungen in unserem Leben bewirken kann.

*1. Heilung von Beziehungen:*

- Herzwärme fördert die Heilung von Beziehungen. Sie öffnet den Raum für Vergebung, Verständnis und bedingungslose Liebe. Durch Herzwärme können selbst tief verwurzelte Konflikte aufgelöst werden.

## 2. Selbstliebe und Selbstakzeptanz:

- Die Kultivierung von Herzwärme richtet sich nicht nur nach außen, sondern auch nach innen. Sie ermutigt uns zur Selbstliebe und Selbstakzeptanz. Wir erkennen an, dass wir liebenswert sind, unabhängig von unseren Fehlern und Schwächen.

## 3. Reduzierung von Konflikten:

- In Situationen, in denen Konflikte entstehen könnten, kann Herzwärme als Vermittler wirken. Die Fähigkeit, sich in die Perspektive anderer einzufühlen und mit Liebe zu reagieren, trägt dazu bei, Konflikte zu reduzieren und harmonische Lösungen zu finden.

**Die Universelle Dimension von Herzwärme**

Herzwärme beschränkt sich nicht nur auf individuelle Gefühle, sondern hat auch eine universelle Dimension. Wenn wir Herzwärme kultivieren, tragen wir zur Schaffung einer liebevolleren Welt bei.

*1. Kollektive Heilung:*

- Herzwärme hat die Kraft, zur kollektiven Heilung beizutragen. Wenn Menschen sich von Herzen her verbinden und Mitgefühl praktizieren, können sie gemeinsam dazu beitragen, die Wunden der Welt zu heilen.

*2. Frieden in der Welt:*

- Die universelle Ausdehnung von Herzwärme trägt zur Schaffung von Frieden in der Welt bei. Liebe und Mitgefühl haben das Potenzial, Grenzen zu überwinden, kulturelle Unterschiede zu vereinen und die Menschheit zu einem globalen Gefühl der Verbundenheit zu führen.

**Herzwärme im Alltag integrieren**

Die Kultivierung von Herzwärme sollte nicht auf besondere Momente oder Meditationssitzungen beschränkt bleiben, sondern sollte integraler Bestandteil unseres Alltags sein.

*1. Achtsame Kommunikation:*

- Praktiziere achtsame Kommunikation, indem du liebevolle Worte wählst und darauf achtest, wie deine Worte auf andere wirken. Vermeide Urteile und höre aufmerksam hin.

## 2. Gütige Selbstgespräche:

- Sprich liebevoll zu dir selbst. Vermeide selbstkritische Gedanken und erkenne deine eigene Würdigkeit an. Sei dein bester Freund oder deine beste Freundin.

## 3. Teilen von Liebe:

- Teile Liebe und Freundlichkeit großzügig mit anderen. Kleine Akte der Liebe können einen großen Einfluss haben. Ein einfaches Lächeln oder eine aufmunternde Geste kann den Tag eines Menschen erhellen.

**Abschließende Gedanken: Ein Strahlen der Liebe und des Mitgefühls**

In diesem Kapitel haben wir die Bedeutung der Kultivierung von Herzwärme erforscht und praktische Wege aufgezeigt, wie wir Liebe und Mitgefühl in unser Leben und in die Welt bringen können. Möge die Reise der Herzwärme dein Herz öffnen und ein Strahlen der Liebe und des Mitgefühls in deine Existenz bringen.

Im nächsten Kapitel werden wir uns darauf konzentrieren, das Selbstvertrauen zu stärken und die innere Kraft zu entfalten. Möge die Liebe, die du kultivierst, dich auf dieser Reise begleiten und dir den Mut geben, dein wahres Selbst zu entfalten.

# Fazit: Die Reise ins Licht – Ein Weg zu Selbstvertrauen, Weisheit und Liebe

Die Reise ins Licht, die wir in diesen Kapiteln gemeinsam unternommen haben, ist nicht nur eine äußere Expedition, sondern vor allem eine innere Entdeckungsreise zu den Tiefen unseres Selbst.

Auf diesem Weg haben wir uns mit verschiedenen Aspekten der Spiritualität, des Selbstwachstums und der Liebe beschäftigt. Lass uns gemeinsam einen Blick auf die Schlüsselthemen werfen, die uns auf dieser Reise begleitet haben.

**Selbstvertrauen: Die Wurzel des Wachstums**

Die Reise ins Licht beginnt mit der Anerkennung und Stärkung des Selbstvertrauens. Es ist die Wurzel, aus der alle anderen Aspekte des persönlichen Wachstums entspringen. Durch das Vertrauen in unsere Fähigkeiten und das Wissen um unsere innere Stärke können wir die Herausforderungen des Lebens mutig angehen.

Die Praktiken der Selbstreflexion, der Affirmationen und der bewussten Handlungen haben uns geholfen, das Fundament des Selbstvertrauens zu legen.

**Weisheit: Die Erkundung des Inneren Selbst**

Die Reise ins Licht führt uns zur Erkundung der inneren Weisheit. Durch Meditation, Intuitionsübungen und die Entwicklung ganzheitlichen Bewusstseins haben wir gelernt, auf die leise Stimme unserer Seele zu hören. Die Intuition, die aus der tiefsten Quelle unseres Seins entspringt, dient als Führung auf unserem Weg.

Ganzheitliches Bewusstsein eröffnet uns die Erkenntnis, dass wir Teil eines größeren Ganzen sind, und ermöglicht eine tiefere Verbundenheit mit allem Leben.


**Liebe und Mitgefühl: Die Kraft der Herzwärme**

Die Kultivierung von Herzwärme war ein zentraler Aspekt unserer Reise. Durch Herzöffnende Meditationen, Akte der Freundlichkeit und Mitgefühlspraktiken haben wir Liebe und Mitgefühl nicht nur für uns selbst, sondern auch für die Welt um uns herum genährt.

Herzwärme ist nicht nur ein Gefühl, sondern eine transformative Kraft, die Beziehungen heilt, Selbstliebe fördert und zur Schaffung einer liebevolleren Welt beiträgt.

## Selbstvertrauen, Weisheit und Liebe: Die Trinität des Wohlbefindens

Diese drei Elemente – Selbstvertrauen, Weisheit und Liebe – bilden eine harmonische Trinität des Wohlbefindens. Selbstvertrauen ermöglicht es uns, unsere Fähigkeiten zu nutzen und Herausforderungen zu meistern.

Die Erkundung der inneren Weisheit gibt uns Orientierung und leitet uns auf unserem Weg. Liebe und Mitgefühl schaffen ein liebevolles Umfeld, in dem wir nicht nur wachsen, sondern auch anderen helfen können, ihre eigene Reise ins Licht anzutreten.

## Die Praxis im Alltag: Eine kontinuierliche Reise

Die Reise ins Licht endet nicht mit dem Lesen dieser Worte, sondern setzt sich in unserem täglichen Leben fort. Die Praktiken, die wir erkundet haben – sei es die Selbstreflexion, Meditation oder Herzwärme – sind keine isolierten Ereignisse, sondern Einladungen zur Integration in unseren Alltag.

Die wahre Transformation geschieht, wenn wir das Gelernte in unser tägliches Leben einfließen lassen und es zu einem natürlichen Bestandteil unseres Seins wird.

## Die Herausforderungen der Reise: Wachstum durch Widerstände

Auf der Reise ins Licht begegnen wir zwangsläufig Herausforderungen und Widerständen. Diese Hindernisse sind nicht nur normale Begleiter, sondern auch Katalysatoren für unser Wachstum. Die Fähigkeit, in schwierigen Zeiten Selbstvertrauen aufrechtzuerhalten, auf die innere Weisheit zu vertrauen und mit Liebe zu handeln, zeigt die wahre Stärke des spirituellen Reisenden.

Jede Herausforderung ist eine Gelegenheit zur Vertiefung unserer Praxis und zur Erweiterung unseres Bewusstseins.

## Die Verbundenheit aller Dinge: Eine Einladung zur Achtsamkeit

Während wir unsere Reise fortsetzen, ist es wichtig, die Verbundenheit aller Dinge zu erkennen. Jede Handlung, jedes Wort und jeder Gedanke haben Auswirkungen auf das größere Ganze.

Die Praxis der Achtsamkeit erinnert uns daran, in jedem Moment bewusst zu sein und unsere Handlungen mit Liebe und Mitgefühl zu lenken. Die Entfaltung des eigenen Potenzials ist eng mit der Entwicklung eines achtsamen Lebensstils verbunden.

## Die Reise als kontinuierlicher Zyklus: Ein Spiralweg des Wachstums

Die Reise ins Licht ist kein lineares Ereignis, sondern ein kontinuierlicher Zyklus des Wachstums und der Erneuerung. Wie eine Spirale führt sie uns immer tiefer in die Tiefen unseres Selbst.

Jeder Zyklus bietet die Möglichkeit zur Vertiefung der Praxis, zur Integration neuer Erkenntnisse und zur Erweiterung des Bewusstseins. Die Reise ins Licht ist ein fortwährender Prozess des Erblühens und der Entfaltung.

## Die Reise ins Licht teilen: Ein Geschenk an die Welt

Die Früchte unserer Reise ins Licht sind nicht nur für uns selbst bestimmt, sondern auch ein Geschenk an die Welt. Selbstvertrauen, Weisheit und Liebe strahlen nicht nur in unserem eigenen Leben, sondern haben auch die Kraft, sich auf andere auszudehnen. Indem wir die Erkenntnisse und Praktiken teilen, tragen wir zur Schaffung einer kollektiven Atmosphäre des Wohlbefindens und der Liebe bei.

## Abschließende Gedanken: Eine Reise ohne Ende

Die Reise ins Licht ist eine Reise ohne Ende. Sie ist eine ständige Einladung zur Entfaltung unseres vollen Potenzials und zur Vertiefung unserer Verbindung mit dem

Leben. Möge diese Reise ein lebenslanger Prozess der Erkenntnis, des Wachstums und der Liebe sein.

In der Kontinuität dieser Reise lade ich dich ein, die Entfaltung deines eigenen Lichts zu zelebrieren und die strahlende Essenz deines Seins in die Welt zu bringen.

Möge die Reise ins Licht dich mit Liebe, Weisheit und unerschütterlichem Selbstvertrauen erfüllen.

Ich bedanke mich herzlich bei dir, für dein Interesse, dafür, dass du diesem Buch und somit deiner Lebensgestaltung ein großes Stück Aufmerksamkeit geschenkt hast, und dafür, dass du beteiligt bist, die Welt ein Stück lichter und friedlicher werden zu lassen!

Denn je glücklicher du bist und wirst, umso mehr Glück sendest du dieses Glück in dein Umfeld, und umso glücklich(t)er und lichter wird natürlich dieser Planet und alle, die darauf leben!

Ich wünsche dir ein tolles und grandios schönes Leben, mit fantastischen und wunderschönen, glücklichen, lichten Augenblicken, und, dass sich diese lichten Augenblicke alle ganz dicht aneinanderreihen!

Alles Gute und Schöne!
HerzLICH(t)e Grüße!
Namaste

Dein
Chris Hohlstamm von Dehnen

Engel-Kontakt
Das Engel-Seminar

https://www.akademie-fsl.de/anmeldung-engel-kontakt-seminar/

Zertifizierte & ganzheitliche
Ausbildungen

https://www.akademie-fsl.de/uebersicht-life-ausbildungen/

Home

https://www.akademie-fsl.de/

**Kontakt:**
info@akademie-fsl.de